U0464651

博悟之旅
亲子研学中的传统文化
博物慎思

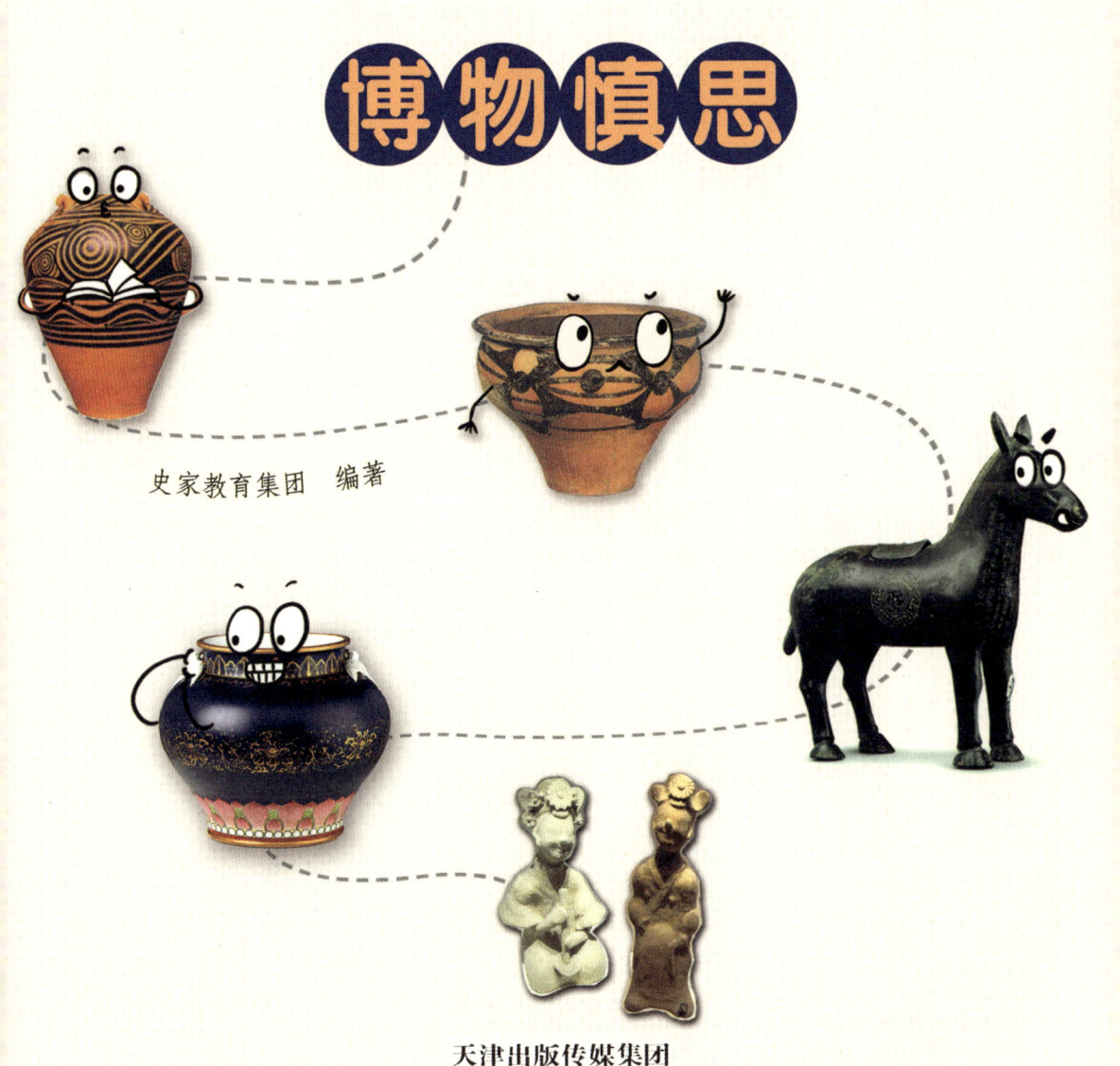

史家教育集团 编著

天津出版传媒集团

新蕾出版社

图书在版编目(CIP)数据

博物慎思/史家教育集团编著.——天津：新蕾出版社，2019.11
（博悟之旅·亲子研学中的传统文化）
ISBN 978-7-5307-6931-7

Ⅰ.①博… Ⅱ.①史… Ⅲ.①博物馆学—儿童读物 Ⅳ.① G260-49

中国版本图书馆 CIP 数据核字 (2019) 第 228905 号

书　　名：	博悟之旅·亲子研学中的传统文化　博物慎思
	BOWU ZHI LÜ　QINZI YANXUE ZHONG DE CHUANTONG WENHUA BOWU SHENSI
出版发行：	天津出版传媒集团 新蕾出版社
	http://www.newbuds.com.cn
地　　址：	天津市和平区西康路 35 号（300051）
出 版 人：	马玉秀
电　　话：	总编办 (022)23332422
	发行部 (022)23332676　23332677
传　　真：	(022)23332422
经　　销：	全国新华书店
印　　刷：	北京盛通印刷股份有限公司
开　　本：	787mm×1092mm　1/16
字　　数：	70 千字
印　　张：	7
版　　次：	2019 年 11 月第 1 版　2019 年 11 月第 1 次印刷
定　　价：	42.00 元

著作权所有，请勿擅用本书制作各类出版物，违者必究。
如发现印、装质量问题，影响阅读，请与本社发行部联系调换。
地址：天津市和平区西康路 35 号
电话：(022)23332677　邮编：300051

主编

王 欢 洪 伟

副主编

李 娟 郭志滨 金少良

本册主编

李 娟

编委

郭 鸿 姜 婷 马富贵 丁雁玲 宋浩志
戈海宁 韩巧玲 陈 燕 范汝梅 南春山
金 强 吴 玥

课程设计

郭志滨　李　娟　金少良

课程顾问

贾美华　黄　琛　刘　慧

家长顾问

韩淑萍　赵轶君　蒋笑囡

本册编写人员（按姓氏笔画排序）

王　丹　左明旭　乔龙佳　刘　迎　闫　旭
杜欣月　杨春娜　李　乐　苏　芳　张　佳
张景奇　范欣楠　赵慧霞　秦　媛　徐　莹
淮瑞英　鲍　彬　蔡　琳

序

"培养什么人、怎样培养人、为谁培养人",对于这一教育根本问题的思考与回答是教育工作者做好立德树人工作的基础。近年来,史家教育集团秉承"无边界"教育理念,拓宽了教育场所、创新了课程模式,从中华优秀传统文化中汲取营养,进行了一系列中华优秀传统文化与博物馆教育课程的研发。这些研发充分发挥博物馆的社会教育功能,让孩子能够在博物馆研学中遵循"物—晤—悟"的研究路径,从而收获无限的成长可能。

"物"是博物馆学习的逻辑起点。本丛书突破了"教科书是学生的全部世界"的认识局限,带领学生走进全国各地的博物馆,漫步于彩陶、甲骨、吉金、玉器、彩瓷、壁画、石刻、木作、书画、百戏等各种类型的文物之中。好奇是智慧的开端。在以文物资源为依托的研学活动中,文物的陈列成了孩子们"好奇心的陈列柜",整个世界都成为学生成长的教科书。

"晤"是博物馆学习的中心环节。"晤"是相遇与对话。学习不仅是发生在学生个人头脑中的个体活动，也发生在学生与周围世界的多重互动与对话之中。本丛书定位于亲子共同研学，让家长朋友可以重拾童心，带着孩子一起徜徉在文物中间，去追问斑驳的壁画记录了怎样的动人故事，去追寻甲骨背后伟大的古人智慧，去追忆传世的彩陶所记载的漫长而坎坷的人类历史……

"悟"是博物馆学习的最终归宿。"悟"指向思维的拓展与思想的深化，倡导学生在感悟、体悟和领悟中开展综合学习，从而真正获得文化认知与情感、态度、价值观的升华。孩子们在研学中怀有敬畏之心，将自己的思维和认知置于中华历史文明的长河中，经历一个从认知到认同再到获得归属感和自豪感的价值观建构过程。学生能够以具体的文物为线索形成贯穿古今的思维方式，多角度认识真实世界的哲学思想，这也是博物馆教育和学习的最大价值。

博物馆收藏历史，但面向未来。本丛书将为学生打开多彩世界的一扇大门，提供源自中华优秀传统文化的无尽滋养，一颗颗心怀世界、传承文明的种子正在这里萌芽……

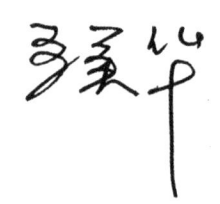

北京教育科学研究院基础教育教学研究中心

目录

研学准备知多少 ... 001

彩陶之远古花草 ... 011

甲骨之龋齿记录 ... 021

吉金之执驹守礼 ... 031

玉器之谦谦君子 ... 041

彩瓷之海晏河清 ... 049

壁画之九色神鹿 ...057

石刻之雕栏玉砌 ...065

木作之舒适规矩 ...073

书画之墨分五色 ...081

百戏之杂耍技艺 ...091

我的研学评价 ...101

目录

研学准备知多少

文明有礼会排队

文明排队有秩序,告别混乱和拥挤。
排队上车保安全,先下后上讲礼仪。
上下楼梯靠右走,着急有事左侧行。
耐心等待不插队,文明有礼好心情。

有序排队讲文明

排队是我们社会生活中的一种行为秩序。自觉排队、讲究秩序,不仅是个人文明礼仪素养的体现,更是尊重他人、与人和谐相处、合理提高通行效率的有效方式。在进入博物馆研学时,大家一定要注意有序排队哟!

有序排队小建议

第一,有序排队上下车,
不推不挤显文明。

第二,进出门时不拥挤,
后面有人轻扶门。

第三,电梯门外站两侧,
不挡通道不挡人。

第四,交费取款是隐私,
自动退后一米远。

你觉得图中的场景在什么地方容易出现呢?有什么危险?

遵守交规路上行

交叉路口红绿灯，看清信号别抢行。
绿灯行来红灯停，黄灯亮了要警醒。
行人应走斑马线，道路中间切莫停。
互相谦让懂礼貌，文明交通很重要。

常见交通标志的颜色

一般情况下，常见交通标志的颜色及基本含义如下：

红色
表示禁止、停止、危险。

黄色或荧光黄色
表示警告。

蓝色
表示指令、遵循，用于指示标志的底色。

绿色
表示地名、路线、方向等行车信息。

跟爸爸妈妈比一比

考考你自己，也考考爸爸妈妈，看一看下面都是什么交通标志，它们都有什么含义。

> 安全标志 保平安

小朋友们要注意，安全防火记心里。
应急灯，安全口，疏散标志都牢记。
防火门，常关闭，逃生路线须熟悉。
危险来了不要急，听从指挥速撤离。
沿着指示标志走，安全地点去聚齐。

认一认

这是防火门。它除了具有普通门的作用外，还能在一定时间内阻止火势蔓延和烟气扩散，确保人员安全疏散。

有的防火门是单向开关的，也就是只能从楼道里向外推开门，保证疏散人流；如果想从外面拉开门进入楼道，是不可能的。一旦不慎把自己关在防火门外，只能下到一层，从主出入口返回。

> 爸爸妈妈对我说

公共场所都有消防安全疏散指示图。观察下图，假设我们住在288房间，一旦遇到火灾，怎样才能顺利到达安全地点呢？

一起来画一画逃生路线吧。

消防安全疏散指示图

为了您的安全，请留意安全出口和消防楼梯位置（图中红色标志），如遇火灾等紧急情况，请按疏散指示标志和工作人员的指引进行有序撤离。下方为本楼层安全疏散指数图。

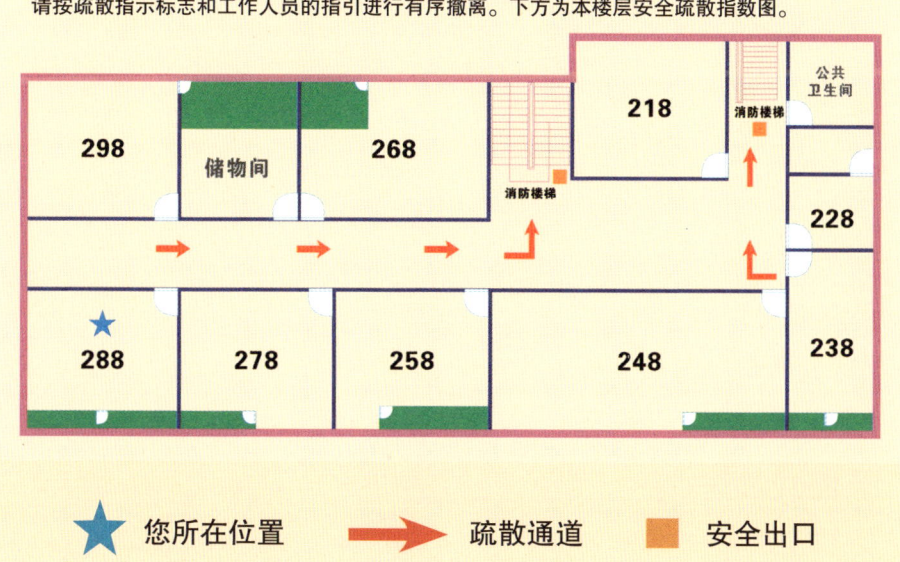

★ 您所在位置　　→ 疏散通道　　■ 安全出口

出行计划我设计

任务一：研学地点我选择

研学主题	推荐研学地点	我的选择（请画√）
1. 彩陶之远古花草	中国农业博物馆 北京古陶文明博物馆 青海省博物馆	☐ ☐ ☐
2. 甲骨之龋齿记录	河南安阳殷墟遗址 中国文字博物馆 中国牙刷博物馆	☐ ☐ ☐
3. 吉金之执驹守礼	中国国家博物馆 宝鸡青铜器博物院	☐ ☐
4. 玉器之谦谦君子	中国国家博物馆 山西省博物院 虢（guó）国博物馆	☐ ☐ ☐
5. 彩瓷之海晏河清	中国国家博物馆 北京圆明园遗址公园	☐ ☐
6. 壁画之九色神鹿	敦煌研究院 山西永乐宫	☐ ☐
7. 石刻之雕栏玉砌	故宫博物院 北京圆明园遗址公园 颐和园 明十三陵 河北博物院	☐ ☐ ☐ ☐ ☐
8. 木作之舒适规矩	中国紫檀博物馆 故宫博物院 北京木作博物馆	☐ ☐ ☐
9. 书画之墨分五色	苏州博物馆 南京博物院 辽宁省博物馆	☐ ☐ ☐
10. 百戏之杂耍技艺	四川博物院 山东博物馆 陕西历史博物馆 中国国家博物馆 河北吴桥杂技之乡	☐ ☐ ☐ ☐ ☐

任务二：地图上面找路线

根据自己的选择，和爸爸妈妈一起在地图上进行规划：

1. 在地图上圈画出目的地所在城市。
2. 将所圈画的城市用线连起来，注意城市间的距离，尽量不走重复的路线。

任务三：目标地点找特色

为了让自己的研学之旅更加丰富、有意义，除了推荐的博物馆或景区以外，你还可以看看当地的其他知名景区，品尝一下当地的特色美食，快跟爸爸妈妈一起上网查一查还想去哪里，还想吃什么吧，然后把自己的出行愿望记录下来！

第一次研学

目的地所在城市	选中的博物馆（景区）	想要参观的其他景区	想要品尝的美食

第二次研学

目的地所在城市	选中的博物馆（景区）	想要参观的其他景区	想要品尝的美食

第三次研学

目的地所在城市	选中的博物馆（景区）	想要参观的其他景区	想要品尝的美食

第四次研学

目的地所在城市	选中的博物馆（景区）	想要参观的其他景区	想要品尝的美食

任务四：出行方案我规划

第一次研学计划

出行日期	目的地所在城市	拟参观的博物馆（景区）	拟选择的交通方式及出发和到达时间	计划住宿的地方	备注

第二次研学计划

出行日期	目的地所在城市	拟参观的博物馆（景区）	拟选择的交通方式及出发和到达时间	计划住宿的地方	备注

第三次研学计划

出行日期	目的地所在城市	拟参观的博物馆（景区）	拟选择的交通方式及出发和到达时间	计划住宿的地方	备注

第四次研学计划

出行日期	目的地所在城市	拟参观的博物馆（景区）	拟选择的交通方式及出发和到达时间	计划住宿的地方	备注

（刘迎　徐莹　蔡琳　李娟）

彩陶

彩陶之远古花草

博 物

所谓陶器，就是人类用黏土或陶土捏出形状，然后用火烧制而成的器具。别看说着好像挺简单，其实陶器的意义可大了，它证明我们的祖先知道了用火可以让看上去软乎乎、不易成形的泥土变成比较坚硬、能用来盛东西的器物，人类变得越来越聪明了！好，咱们下面就来聊聊陶器吧！

今天要介绍的主角来自甘肃省。1924年，瑞典地质学家、考古学家安特生在中国甘肃省临洮县的马家窑村发现了一个远古大宝藏。不过，这个宝藏可不是金银财宝，而是大量的彩陶器皿。

陶器也是宝贝？当然啦！这些陶器不但年代久远，而且它们身上充分展现了咱们华夏文化的发展，绝对堪称沉寂了几千年的宝贝！

后面这件陶器好看吗？你知道它是怎么做出来的吗？

我们的祖先将捏制好的陶坯打磨光滑，然后用天然的矿物质颜料在上面描绘出图案，最后将陶坯放入窑中高温烧制。于是，橙红色的陶器表面就呈现出黑、红、白等多种颜色的美丽图案，形成了既有实用价值又非常漂亮的彩陶。

彩陶在中国历史上"活跃"了大约三千年的时间。那丰富多彩、变幻莫测的各种纹饰，吸引着人们去探究、发现……

快跟爸爸妈妈一起走进中国农业博物馆或青海省博物馆，去揭开彩陶神秘的面纱吧……

植物纹双耳壶的身份证

时　代	新石器时代
年　龄	4000多岁
现居住地	中国农业博物馆
它的样子	高24厘米，腹径23厘米。

学 思

因为彩陶采用的是先描绘再烧制的工艺，所以陶器上的花纹图案比较容易保存，这才让我们有机会见到远古时期祖先的原始艺术。

先和爸爸妈妈一起仔细看看这件彩陶的外形。它的外形和我们今天使用的什么物品相似呢？彩陶腹部"双耳"的设计又有什么作用呢？请你猜猜看。

我们再来欣赏一下它美丽的花纹，请你思考：这些花纹画的是什么植物？

你在大自然中见到过类似的植物吗？根据你的观察和比较，推测一下这件陶罐上的图案可能是什么。

你也可以采集一些树叶，学着古人的样子摆摆看。试着改变其中一些树叶的方向，把它们拼成你喜欢的图案。

我还可以这样摆：

除了树叶，你还可以在画中添上或粗或细的线条。如果想好了，就试着画下来吧，设计一件属于你自己的有独特纹饰的彩陶作品。

知 行

我们再来看看这组彩陶上的纹饰，你能从中发现什么？想一想，先民们为什么要把它们画在彩陶上呢？

通过它们，我们似乎能感受到先民生活的世界：绿草如茵，鲜花盛开，充满了生机与活力。我们的祖先不仅在生活中使用陶器，还把自己看到的世界描绘在陶器上，这才让几千年后的我们有机会见识他们的生活。

那下面这件彩陶描绘的是什么呢？我们一起来仔细观察一下细节图吧。

靠上的位置是两条平行线，四周分布着一些带有放射状线条的图案，你觉得像什么？

靠下的位置，一条长长的直线上一排排、一列列整齐排列的又是什么呢？

请你试着猜想一下，先民描绘的可能是一幅什么场景？试着把你的想法画下来吧。

通过观察前面几件彩陶，你会发现它们的共同特点就是表面都有植物图案！这些图案描绘的是远古时期的花和草。远古时期，我们的祖先先是采集植物充饥，渐渐的，他们不再满足于在大自然中采集食物，开始尝试着自己"种植"，于是便有了早期农业的萌芽……

厚 德

> 前面这些彩陶，除了都有植物图案之外，还有一个显著的共同点，开动脑筋想一想。

如果我们把其中的一部分图案展开，仔细观察，就会发现图案排序的奥秘——

相同图案重复出现的纹饰在彩陶中很常见，这似乎在告诉我们，在古人的心中，这样有序的排列是一种美的体现。

这样的有序之美你们发现了吗？

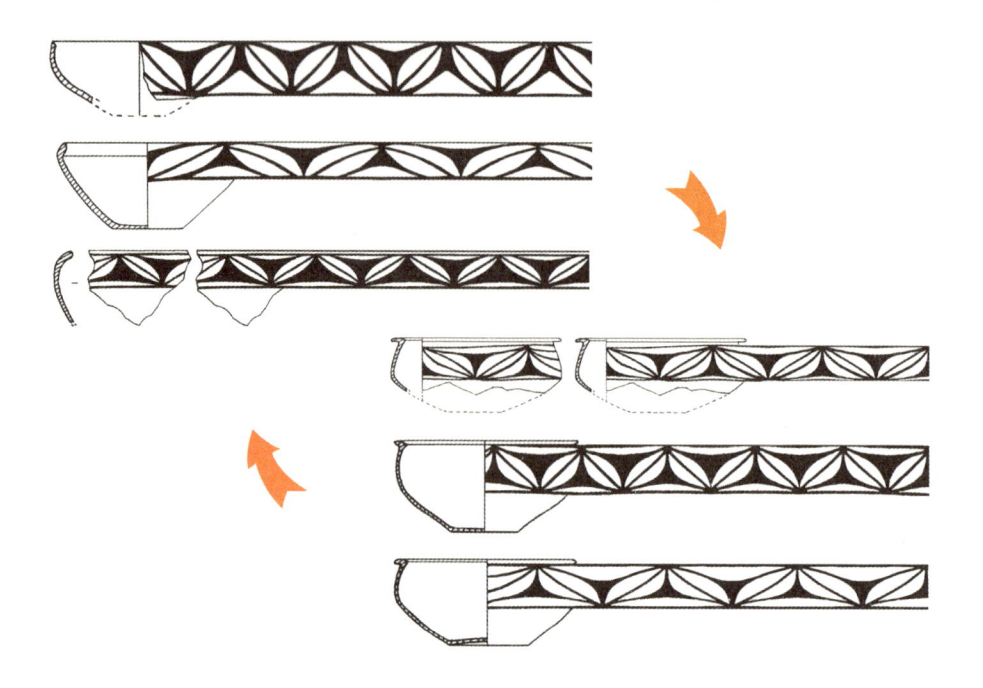

我的发现

我发现,排队乘车就是一种有序的表现,这种有序也是一种美……

我还发现:

有序的美，体现在生活中的许多方面。这种有序对于我们每个人来说，不仅仅是外在的美，还是一种内在的美。言行有礼、举止得体也是一种"有序"的体现，这种有序的美，其实就是一种行为的美。

如此说来，你是不是也应该让自己的行为更美，让自己和他人都能感受到美呢？

（李乐　闫旭）

甲骨

甲骨之龋齿记录

博 物

如果我们的牙齿不舒服了,爸爸妈妈也许会说我们得了"虫吃牙"。真的有虫子把牙齿吃掉了吗?虫子在哪里呢?你们见过吗?

别笑,在河南省安阳市殷墟遗址出土的一片甲骨上就记录了这么一件"虫吃牙"的事儿。

让我们一起走进殷墟遗址妇好墓来一探究竟吧!

记录妇好龋齿龟腹甲的身份证

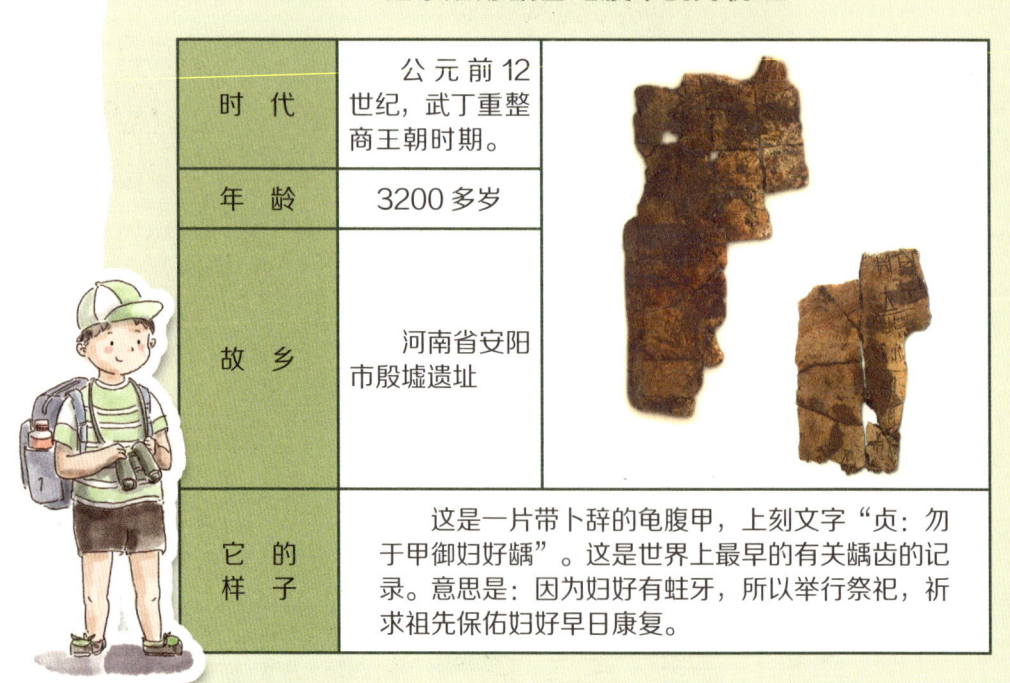

时 代	公元前12世纪,武丁重整商王朝时期。
年 龄	3200多岁
故 乡	河南省安阳市殷墟遗址
它的样子	这是一片带卜辞的龟腹甲,上刻文字"贞:勿于甲御妇好龋"。这是世界上最早的有关龋齿的记录。意思是:因为妇好有蛀牙,所以举行祭祀,祈求祖先保佑妇好早日康复。

学 思

在已知的甲骨文中，还真有这么一个有趣的字，那就是"龋齿"的"龋"字。我们先来看看这个"龋"字在甲骨文中的写法：

为了便于大家看清楚，我们把左边的"龋"清楚地描画出来，就成了右图。

想一想：

1. 仔细观察上面右侧的图片，图片上画的是什么？和自己的父母交流一下。

2. 这一部分像什么？想象一下，如果牙齿上有这样一个东西会怎么样？把你想象的结果和父母说一说。

3. 图中的牙齿排列得整齐吗？你觉得这样的牙齿健康吗？请你拿一面镜子，看看自己的牙齿，和图中的比一比。怎么样，你有什么感受？请把感受用你喜欢的方式表达出来吧！（提示：可以用写一写、画一画等形式来表达。）

"龋"字的右边是"禹"字,"禹"在古代表示虫子。难道真的是虫子把牙齿给吃掉了吗?这个"虫子"又是什么呢?带着这些问题,快来探究一下"龋齿"是如何产生的,并把你的发现用自己喜欢的方式填在下面的横线上吧!

_____

_____

_____

_____

_____

根据考古发掘和科学分析,我们知道原始人是很少有"龋齿"的。"龋齿"是人类进入农业社会以后,大量摄入富含淀粉的谷物后才频繁发生的一种"富贵病",越是上层社会,饮食越精细,"龋齿"发病率越高。

那么古人又是如何预防"龋齿"的呢？请看敦煌壁画《揩齿图》：

图中的和尚在干什么？这样做对保护牙齿有帮助吗？

右图是在成都出土的唐代骨质牙刷，也是迄今发现的中国最古老的牙刷。这牙刷和你用的牙刷一样吗？联系上图你有何感想？

假期如果有时间，可以让爸爸和妈妈带着你一起去博物馆，找找那些古人预防"龋齿"的相关文物，比如位于江苏省扬州市的中国牙刷博物馆就是一个不错的选择。

知 行

了解了古人预防"龋齿"的方法后，我们又该如何保护好牙齿呢？

你知道正确的刷牙方法吗？

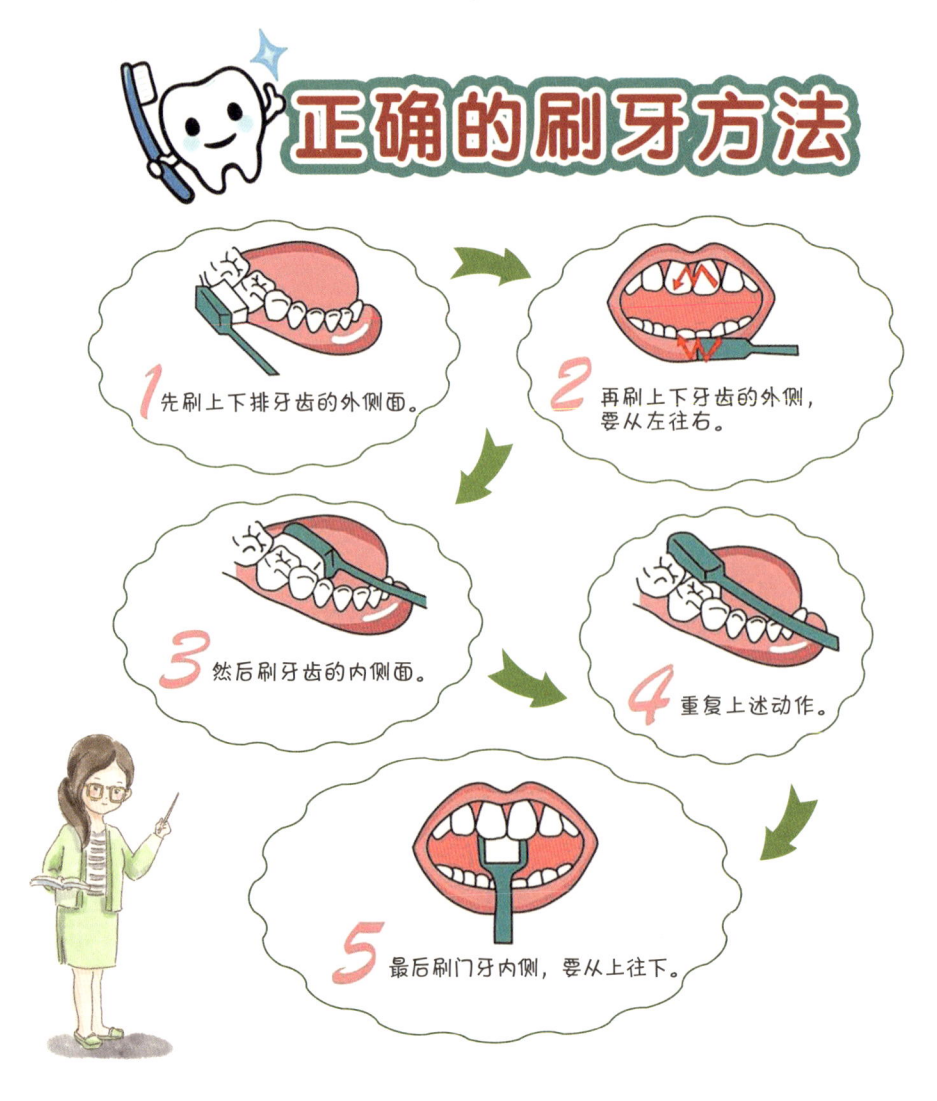

正确的刷牙方法

1. 先刷上下排牙齿的外侧面。

2. 再刷上下牙齿的外侧，要从左往右。

3. 然后刷牙齿的内侧面。

4. 重复上述动作。

5. 最后刷门牙内侧，要从上往下。

看了正确的刷牙方法，想一想，你平时刷牙的方法正确吗？以后你打算怎样保护自己的牙齿呢？把你的想法和爸爸妈妈交流一下，并把交流的结果记录下来。

小活动：为了更好地保护我们的牙齿，和爸爸妈妈来一场刷牙比赛吧，看看谁的牙齿刷得最干净。

你能把牙齿刷得干干净净，那你知道什么时间刷牙才最科学吗？如果所处的环境不方便刷牙，又该怎么办呢？

请你仔细阅读右侧的小资料，并和爸爸妈妈一起制订保护牙齿的计划吧！

小 资 料

研究表明，饭后半小时是牙菌斑形成的高峰期。刚吃完饭，口腔内食物残渣最多，半小时后达到菌群产酸的峰值。如果中午在学校吃完饭后不方便刷牙，你可以选择漱口，然后等晚上回到家后再认真仔细地刷牙。

厚 德

通过前面的学习，我们知道了保护牙齿是多么重要的一件事。现在，我们已经掌握了科学合理的刷牙方法，可是比我们年龄小的弟弟妹妹掌握了吗？

说一说：如果请你设计一个到社区或幼儿园向小弟弟小妹妹宣传科学刷牙、保护牙齿的公益活动，你打算怎么做呢？

1. 你计划什么时候来进行这项公益活动？

2. 你计划在哪个地方举办这项公益活动？

3. 为了举办这项公益活动，你需要哪些帮助？（和谁联络，需要什么物品，等等）

4. 这项公益活动的具体内容有哪些？

带着对这些问题的思考，你可以试着参照下面的表格，和家长一起设计一个保护牙齿的公益活动方案。

活动主题					
活动时间		活动地点		适合年龄	
活动联络人					

活动流程

1.
2.
3.
4.
5.
6.
7.
8.

其他事宜

备 注

关爱牙齿从现在开始

牙齿是我们人体的重要"零件"，将伴随我们一生，因此我们一定要保护好自己的牙齿。同时，我们还要身体力行，用自己的实际行动影响更多的小朋友，让他们也用科学合理的方式保护好牙齿。

（左明旭）

吉金

吉金之执驹守礼

博物

鹰击长空,鱼翔浅底,万类霜天竞自由。大自然中多种多样的动物让我们的世界变得多姿多彩,也丰富了我们的生活。

动物不仅是人类的朋友,更是人类的帮手。马是我国古代"六畜"之一,早在新石器时期就开始被人类驯化。到了商周时期,随着农业生产的发展,畜牧业兴旺,马尤其受到人们的重视。

现藏于中国国家博物馆的盠（lí）驹尊是中国目前所发现的年代最早的马驹形青铜器，其造型生动活泼、栩栩如生。看着它，我们仿佛听到轻快的马蹄声从遥远的西周渐渐传来。

为什么马会受到古人的青睐？这匹可爱又呆萌的青铜小马驹是做什么用的？它的背后又有怎样的故事呢？

> 让我们和爸爸妈妈一起去中国国家博物馆中解开这些谜团吧！

盠驹尊的身份证

时代	西周时期
年龄	3000多岁
现居住地	中国国家博物馆
它的样子	昂首挺立，憨态可掬，生气十足。

学 思

我们先来仔细欣赏一下这件造型小巧、憨态可掬的青铜盠驹尊吧!认真观察细节,结合小链接的知识,你能猜猜它的用途并和爸爸妈妈说说理由吗?小马驹的身上还有一些"秘密",你发现了吗?说一说你看到了什么?

> 盠驹尊腹腔中空,可置盖,你猜一猜它的用途是什么?

小链接:
尊是古代祭祀用的酒器。古人把祭祀称为吉礼,因此青铜祭器又称为吉金。

我的发现

- 纹饰
- 形状
- ……

细心的同学一定发现了小马驹身上的铭文。据专家统计，小马驹胸部共有铭文 94 字，记载了周王赐予一位叫作盠的贵族马匹的经过。那么，周王为什么要赐予盠这个人马匹呢？其实在马驹背部的盖内还有 11 字铭文，透露了周王赐盠马匹的场合。快找找看吧！结合小链接知识，你会有新的收获！

王拘驹厈
赐盠驹
勇雷骓子

> 周王在厈（hàn）这个地方举行"执驹礼"，赐给盠两匹马驹，分别叫作勇雷和骓子。

小链接：

执驹礼是指马到了两岁时就已经长大成熟了，此时要将小马牵离母马，开始教其驾车服役，每到这个时候，周王都要举行一场盛大的仪式祭祀马神，以证明这匹马可以服役了。

035

知 行

　　中国自古就是礼仪之邦,儒家说:"不学礼,无以立。"这表明礼在古人心中具有重要地位。古代的礼仪包括礼节礼貌、仪态和仪式等。《周礼》《仪礼》《礼记》是我国最早的礼学著作,记载了西周王朝的礼仪制度规范。在中国古代,除了像"执驹礼"这种由帝王举行的重大仪式,古人生活的"衣食住行"都非常讲究礼。下面,就请同学们和爸爸妈妈一起到中国国家博物馆古代中国展厅寻找文物,探究古人的衣食住行之礼吧!

古人的衣食住行之礼

明·孝端皇后凤冠

衣着之礼:

三国·宴饮画像砖
饮食之礼：

三国·陶院落
居住之礼：

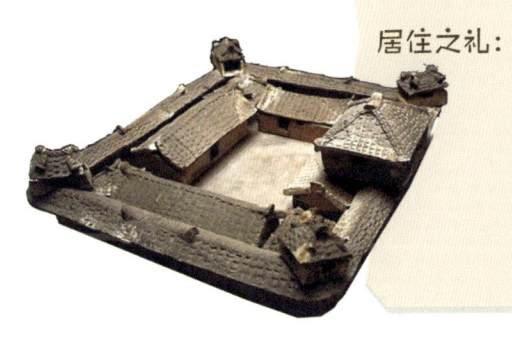

东汉·陶人组合
坐走之礼：

厚 德

礼在我们中国有着悠久的历史，生活中很多词语都能体现中国人对礼的重视，比如：彬彬有礼、礼尚往来……你还知道哪些有关礼的成语呢？请写在下面的方框中吧！

写一写

作为守礼的小公民，我们应该将古人的礼节继承、弘扬和发展下去。你能试着说一说下面这些场景中应该怎样正确守礼、行礼吗？

聚 餐

升国旗

039

知礼、守礼、行礼不仅仅是个人道德素质的体现，更是一个国家文明进步的标志，希望同学们在日常生活中能够继承中华优秀传统礼仪，让"礼仪之邦"的美誉成为中国永远的标志！

（乔龙佳　杜欣月）

玉器

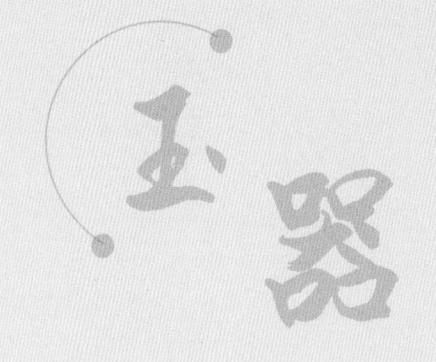

玉器之谦谦君子

博 物

在中国有一句话：玉不琢，不成器；人不学，不知义。在很久以前，中国人就开始雕琢和使用玉器，并且将玉人格化，使其有了性格，有了品性，有了特殊的精神内涵。在我国古代，人们有佩戴玉制品的习俗，也因此形成了一些独具中国特色的礼仪文化。

西周时期，王室贵族盛行佩玉，人们将几种形状不同的单件玉佩，用彩线穿成一串，这种大型的组玉佩十分流行。一个人的身份地位越高，饰件数量就越多，造型和结构就越复杂，长度也越长，有的甚至可以和人的身体高度一样长呢！那么，当时人们为什么要戴这样的组玉佩呢？有什么特殊意义吗？我们先一起来看看下面这件出土于山西运城绛(jiàng)县倗(péng)伯夫人毕姬(jī)墓的文物吧！

组玉佩的身份证

时　代	西周中期
年　龄	2900多岁
现居住地	山西博物院
它的样子	玉珠、玉管、蚌壳、兽骨串联多股，呈放射状集束于玉牌下。

学 思

西周时期，礼制越来越完善，特别是在玉器的使用上，有着严格的用玉制度。这体现在以璜（huáng）为主体的组玉佩上，从玉璜的层数能看出佩玉者的身份、地位、阶层。

有句话叫作"天子九璜、诸侯七璜、大夫五璜"，通过查找资料，你能试着说说这句话是什么意思吗？玉璜又是怎样的一种玉器？

我知道了：

下面这件文物是考古人员在河南省发掘的七璜联珠组玉佩。能够拥有七璜联珠组玉佩的人是什么身份呢?

"我"出土于河南省三门峡市虢（guó）国墓地，现藏于河南博物院。在三门峡市虢国博物馆还藏有五璜、六璜联珠组玉佩各一套。你们知道佩戴"我"和五璜、六璜联珠组玉佩的主人分别是谁吗？

_____

_____

如果你佩戴上这样的组玉佩，还能跑步吗？还能随便走动吗？从中你能得出怎样的结论呢？

_____

_____

_____

如果不能去博物馆实地考察，你也可以和家长一起观看中央电视台"文化大百科"栏目的《虢季七璜玉组佩》视频，从中寻找答案。

西周时期，贵族佩玉一方面可以听到玉佩轻轻撞击发出的悦耳声音，获得听觉的享受，另一方面也符合走路的礼仪要求，提醒自己注意仪态与风度。

知 行

玉器不仅具有审美价值，还象征着社会财富和权力。下面这些是古代以玉制成的礼器，俗称"五瑞"，它们都是什么样子？干什么用的？下面就请你和爸爸、妈妈走进虢国博物馆，做一个玉器小专家，来完成任务吧！

请你与家长一起在博物馆里寻找答案。

玉 璜
读音：_____
画一画它的样子

玉 珩
读音：_____
画一画它的样子

玉 圭
读音：_____
画一画它的样子

玉 琮
读音：_____
画一画它的样子

玉 璋
读音：_____
画一画它的样子

在参观博物馆时你是否注意到，有些玉器虽然看上去大体都是圆的，但它们的名称却不一样，你能跟爸爸妈妈一起研究一下它们该如何区分吗？

玉 璧

读音：＿＿＿＿＿＿＿＿

形状

玉 环

读音：＿＿＿＿＿＿＿＿

形状

玉 瑗

读音：＿＿＿＿＿＿＿＿

形状

厚 德

同学们,你们听说过"玉步"这个词吗?赶快查查词典,看看这个词是什么意思。

人们常说"谦谦君子,温润如玉"。由此可见,玉在中国人的心中有着很深远的象征意义。子曰:"玉之美,有如君子之德。"古人便认为玉具有仁、义、礼、智、信等君子的优秀品格。

古时候君子佩戴玉饰,可以提醒并约束自己的行为。今天,虽然人们还在佩戴玉,但更多的是用作装饰。那么,今天我们身边有没有提醒并约束我们行为的东西呢?

博物馆里的提示牌

这些提示牌要告诉我们什么？为什么我们在博物馆里最好不说话，或者要低声说话呢？

我们不说话！让历史说话！

博物馆是收藏、记录人类文明的地方，这里有着厚重的历史与文化，讲礼仪，做文明观众，是尊重历史的表现。学会知礼，从了解佩玉知识开始。

（鲍彬）

彩瓷

彩瓷之海曼河清

博 物

燕子在中国传统文化中的象征意义非常丰富,其中一个美好的寓意就是"吉祥如意"。因此,我们常常能够在文物上看到燕子的不同形象。

今天我们来认识一对幸运的小燕子,它们两百多年来一直守护在一件瓷尊上,蕴藏着"海晏河清,四海承平"的含义。

在它们身上有许多曲折的故事,让我们一起来了解一下吧!

乾隆霁蓝釉粉彩描金莲花纹双燕耳尊的身份证

时 代	清代(乾隆二十五年,1760 年)
年 龄	259 岁
现居住地	中国国家博物馆
它的样子	这件瓷尊高 31.3 厘米,口径 25.1 厘米,通体施霁蓝釉。尊身的左右装饰有白釉海燕双耳,形象极其生动。外面的底部有篆书"大清乾隆年制"六个字。

学 思

乾隆霁蓝釉粉彩描金莲花纹双燕耳尊别称"霁青釉金彩海晏河清尊"（以下简称"海晏河清尊"），作为中国国家博物馆的镇馆之宝，它可是大有来头。

你知道它是由哪位设计师设计，又是如何被工匠们制造出来的吗？

你知道它曾经在哪里居住吗？快来看看吧！

> 海晏河清尊缘起于皇家园林圆明园的海晏堂。"海晏"一词出自唐代诗人郑锡《日中有王子赋》"河清海晏，时和岁丰"的句子。意思是说，黄河由浊而清，大海风平浪静，比喻国泰民安、天下太平。海晏堂是圆明园西洋建筑中最大的宫殿，也是圆明园中著名的欧式园林景观。乾隆皇帝很喜欢海晏堂，下旨要景德镇官窑特别烧制两件瓷尊，陈列在堂内。这两件瓷尊既要有"海晏河清"的寓意，又要配得上海晏堂的恢宏气势。大臣们绞尽脑汁画了好几张图纸，但乾隆看过之后连连摇头。
>
> 直到有一天，乾隆处理完朝政，信步走在河边，看到了水面上低飞的燕子，眼睛一亮，心中忽然想到了一个好点子。

051

你能猜到乾隆皇帝看到这些景物时想到了什么吗?
海晏河清尊为什么要这样设计呢?
它寄托了乾隆皇帝怎样的心愿?
请你用直线连一连,再和家长说一说。

粉彩荷花寓意"祥和"。

海燕与"海晏"谐音。

霁青色,象征着河清。

金线绘蕉叶、缠枝花纹。

知 行

这些废墟般的地方,就是海晏河清尊曾经美丽的家。别看现在只剩残垣断壁,这儿原来可是整个圆明园最大的欧式园林景观呢!

从前,楼门左右有叠落式喷水槽,阶下有一座大型喷水池,池左右还排列着十二生肖人身兽头铜像(圆明园兽首铜像)。为什么这里会变成现在这样?

（圆明园海晏堂复原图）

请你快和爸爸妈妈一起去看一看，讨论一下圆明园经历了怎样的历史吧！

厚 德

圆明园被侵略者一把火烧掉了，两件海晏河清尊遭受了巨大的劫难。然而，它们却又是幸运的，因为历经辗转，它们终于回到了祖国，其中的一件住进了中国国家博物馆。

是什么让海晏河清尊有了如此曲折的经历？今天的海晏河清尊为什么又是幸运的？请你和爸爸妈妈说一说，再来写一写。

海晏河清尊的不幸是什么造成的？

_____

_____

为什么说它们又是幸运的？

_____

_____

今天,海晏河清尊搬进了高大、宽敞、漂亮的博物馆里,开始了全新的幸福生活。

你知道为什么中国国家博物馆变得如此现代化吗?

你知道为什么海晏河清尊能不再颠沛流离吗?

这件幸运的海晏河清尊,向我们展示的不仅是清代制瓷业的高超技艺和人们的殷切期望,更是一种警示:牢记历史。只有国强,才能民安。

(范欣楠)

壁画

壁画之九色神鹿

博物

　　九色鹿是几代人儿时的记忆，它是美丽、善良、正义的化身，它来自累积千年璀璨文化的地方——敦煌莫高窟。这幅画和敦煌又有什么不解之缘呢？快快根据"九色鹿的身份证"的线索，一起踏上寻找九色鹿之旅吧！

《鹿王本生图》（局部）

九色鹿的身份证

时　代	北魏时期
年　龄	1400多岁
现居住地	甘肃省敦煌市莫高窟第257号洞窟
它的样子	长有白色的犄角，身材矫健匀称，外表典雅美丽。
品　格	虔诚、善良、勇敢、正义

058

学 思

我们一起来看看这幅《鹿王本生图》画的是什么故事，画里展现了几个情节。你能结合这些情节编个故事吗？

我们可以从细节入手理解图画的内容，快来看看吧！

听到呼救，九色鹿跑到水边救起溺水者，九色鹿希望溺水者不要透露她的行踪。

想一想，在危难中被救起，会是什么心情呢？面对九色鹿的请求，你会如何说？

咦，快来看这里，皇后的脚怎么伸出来了？皇后心情如何呢？这是怎么回事？

059

当背叛九色鹿的人带着人马来抓九色鹿时,马的姿态和九色鹿相比有什么不同?你能想到分别用什么词形容吗?

你觉得这么画,是想要表达什么呢?说一说你的想法。

九色鹿与国王的神马

挺胸抬头

_____

_____

_____

知 行

思考一下，背叛诺言的溺水者有怎样的结局？

他的身上发生了什么变化？这是为什么呢？再想象一下，九色鹿对背叛诺言的人会说什么？

在敦煌壁画中，还有很多像九色鹿一样具有神奇色彩的动物，比如大象、老虎、马等。你还能找到哪些动物呢？通过观察，你一定发现了这些动物的动作、姿态或其他方面有很多神奇之处，请把它们记录下来。

061

我找到的动物：_____号洞窟的_____

我 发 现：_____

_____

_____

跟家人一起观赏壁画时，把你印象最深的动物画一画，可以只画它的特色哟！

类似九色鹿的故事还有很多，比如"舍身饲虎""割肉救鸽"等，都是讲品德高尚的人悲悯、救助众生的故事。可以在莫高窟里的壁画中找一找他们的故事，然后采用思维导图的方式记录下来。

厚 德

? 想一想，如果把九色鹿想象成一个人，你觉得她身上具有什么样的品格？

在你的身边，是不是也有同学向你倾诉过他们的"小秘密"，你是怎么做的呢？是不是所有的"小秘密"我们都要坚决保守呢？快来看看小兰遇到的事情，想想应该怎么办。

无法诉说的秘密

小兰和月月是同班同学，也是最好的朋友。一天，月月跟小兰说，每天晚上趁爸爸妈妈休息后，她就躲在被窝儿里用爸爸的手机上网玩游戏，让小兰也可以试着玩玩，还说在玩游戏时认识了一个叫"天才"的网友，网友想约她周六出来见面。月月说这是秘密，让小兰千万别告诉别人。

你觉得小兰应该怎么做呢？

交流讨论：
　　朋友的哪些"秘密"必须保守？
　　哪些"秘密"需要跟老师、家长沟通？

　　同学之间倾诉心声，是表达友谊的一种方式，把你的快乐、烦恼告诉你的同学、朋友，快乐加倍，烦恼减半，保守秘密会让你感受到被信任的快乐。同时，你也需要学会辨别"秘密"，如果这个"秘密"事关人身安全或者会损害他人利益，你一定要与爸爸妈妈交流，征求他们的意见，这也能更好地帮助你的朋友和你自己。

告诉你一个秘密……

（王丹　张佳）

石刻

石刻之雕栏玉砌

博 物

你留意过吗，在我国的很多地方都有一种洁白漂亮的石刻雕塑，中国人称这种石材为"汉白玉"。从汉代开始，人们就用这种洁白无瑕的材料来做建筑材料了。北京故宫保和殿北面就有一块长长的汉白玉石雕。

汉白玉真漂亮，那么它到底是不是玉石？如果不是玉，它又是什么呢？

今天，我们就一起去发现那洁白如玉的石头背后的故事。

保和殿汉白玉石雕的身份证

时 代	明代
年 龄	600多岁
现居住地	北京故宫保和殿北面
它的样子	这是一块三段的汉白玉，长16.57米，宽3.07米，厚1.7米左右，上面雕刻了云、龙、海水和山崖。

学 思

你能试着同爸爸妈妈一起走进皇家建筑，去找一找汉白玉的身影吗？

我走进了_____，在这里我看到了汉白玉的身影，它们_____
_____
_____
_____。

你知道吗？保和殿北面这块巨大的汉白玉石雕是紫禁城内最大的一块石料。你瞧，原来汉白玉并不是玉，而是一种颜色洁白的细粒大理石，主要成分是碳酸钙。与爸爸妈妈一同去看一看，听听导游的介绍，了解这块石雕的名字是什么，寓意又是什么。

我知道了：

像这样的"大石头"在故宫里随处可见,它们到底来自哪里呢?它们中的大多数都来自北京西南方距离故宫约 70 千米的房山,相对于产在河床中的"水白玉"来说,它们是名副其实的"旱白玉"。

聪明的你一定纳闷儿了:这么大的石头从 70 千米远的地方运到故宫,即使在交通发达的今天也是一项大工程,更别说是在 600 多年前了。没有现代运输工具,古人是怎么把这样的大石头运到故宫里的呢?

200 多吨的大块头在 600 多年前的明代经历了一段怎样神奇的旅程呢?

神奇的运输旅程

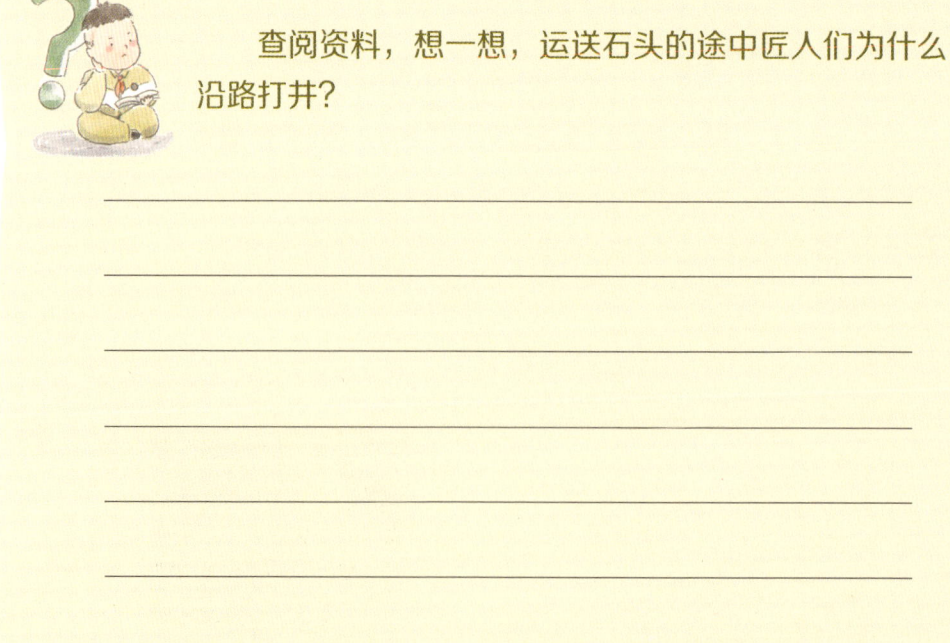

查阅资料,想一想,运送石头的途中匠人们为什么沿路打井?

知 行

　　北京的很多皇家园林中都有汉白玉的身影，例如圆明园、颐和园等。细心的你在寻找汉白玉的过程中一定发现了吧，这些汉白玉上的石雕简直是美轮美奂！它们的制作者是谁呢？告诉你吧，它们大多出自河北曲阳的石刻师傅之手。

　　要想看到精美的汉白玉石雕，可以走进北京的皇家园林或陵园实地观看，当然，你也可以和爸爸妈妈走进"中国雕刻之乡"河北曲阳以及河北博物院去一探究竟。

明十三陵

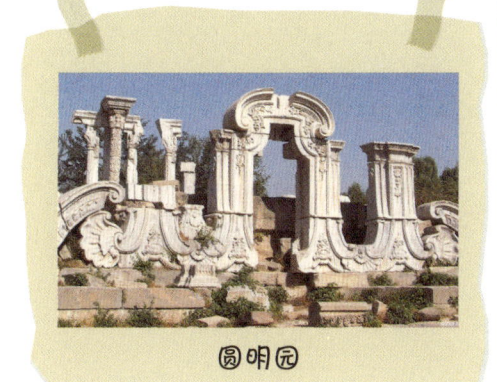

颐和园

圆明园

曲阳石雕

你看到的汉白玉石雕都是什么样的？

这些石雕给你什么感受，你能用几个词来表述一下吗？

小提示

这些石雕大多出自河北省曲阳县，曲阳石雕是国家级非物质文化遗产之一。

厚德

五代十国的时候，南唐国君李煜曾写下一首著名的词叫《虞美人》，里面有一句特别有名："雕栏玉砌应犹在，只是朱颜改。"成语"雕栏玉砌"就出于此。

请你跟家长一起查阅资料，再读一读这首词，同爸爸妈妈一起感受"雕栏玉砌"的意思与意境。

雕栏玉砌

关于李煜，我了解到：

在诵读诗词的过程中，我对"雕栏玉砌"的理解是：

诗词歌赋中，为了形容宫殿的辉煌，古人经常使用"玉砌"这样的词，可见汉白玉的名贵。近距离观察汉白玉，你就会发现，它外表"洁白无瑕，美观大气"，同时"经得起风雨的洗礼，百年不化"。根据这些特点，我们可以与爸爸妈妈探讨一下，汉白玉身上有没有什么品质是值得我们学习的呢？

汉白玉的品质

（淮瑞英）

木作

木作之舒适规矩

博 物

同学们，你们搬过家吗？搬到了新家可真让人兴奋，不过面对空荡荡的房间，我们在庆祝之前一定要做一件事——买家具！走进商场，你的爸爸妈妈会选择中式家具还是西式家具呢？很多人都认为坐沙发、睡席梦思软床更舒适，其实他们可能不太了解我们传统的中式家具。今天，就让我们走进紫檀博物馆，以中式座椅为例去找找中式家具中蕴藏的秘密吧！

去试试爷爷的椅子，比沙发舒服！

紫檀博物馆里有很多不同样式的椅子，你能在博物馆里找到它们吗？跟爸爸妈妈一起读读它们的名字吧。这样的椅子与你家里的椅子一样吗？想象一下，坐在这种椅子上面会有什么感受？

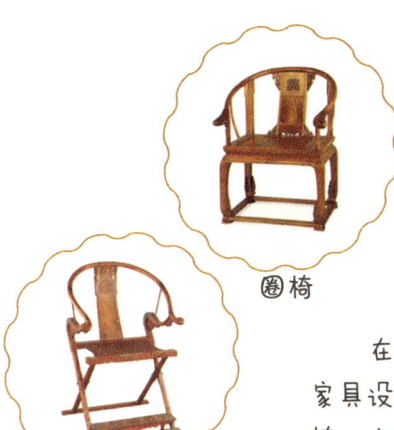

圈椅

官帽椅

玫瑰椅

交椅

在这些座椅中，有一类是古今中外的家具设计师公认的"第一椅"，那就是圈椅。它既可使人坐姿端正，又使人感到舒适，深得人们的喜爱。

黄花梨圈椅的身份证

时 代	明代晚期
年 龄	400多岁
现居住地	中国紫檀博物馆
它的样子	这件圈椅用黄花梨制成，利用榫卯结构固定成形。它的圈背连着扶手，从高到低一顺而下，坐靠时可使人的臂膀贴着扶手，感觉十分舒适。

075

学 思

这些中式座椅采用了一种很神奇的工艺，不用钉子和胶水，却能让家具非常牢固，经久耐用，而且还有利于维修。你知道是什么工艺吗？

让爸爸妈妈跟你一起研究一下其中的奥妙吧！

这种工艺叫榫卯结构。榫卯的种类很多，应用范围不同，但作用类似——在每件家具上都起到了"关节"的作用。

下图的榫卯结构中，你能分辨出哪些是榫，哪些是卯吗？试着标注一下吧。

古代圈椅的制造过程中，扶手经常要用榫卯结构拼接而成。右图展示了圈椅扶手的榫卯结构，你知道榫卯在哪里吗？试着标注出来吧！

圈椅扶手的榫卯结构

知 行

圈椅的秘密可不止榫卯，值得留心的还有很多呢！紫檀博物馆里有下面这种样式的椅子吗？图中这种样子的椅子与博物馆里的椅子有什么不一样？

我的发现：

采用榫卯结构的中式座椅不仅结实耐用，还非常注重舒适性。请你观察圈椅的靠背、侧面的角度与弧度有什么特点，想想为什么要这样设计。有扶手的椅子和没有扶手的椅子相比有什么优势？扶手的角度和高度与人的身体结构有什么关系？

我的发现：

厚 德

　　中式座椅追求的是舒适与礼仪并重。各种中式座椅不仅简洁、美观，更有助于矫正不合礼仪的坐姿，更好地体现人的精神风貌与内在气质。

　　我们的祖先很讲究坐相，通过椅子靠背与扶手的曲线造型来传达坐者的威仪与端庄。

你能说说怎样的坐姿是有礼仪的坐姿吗？你认为上面这些坐姿中哪种是有礼仪的坐姿？和家人分别在中式椅子上坐一坐，然后交流一下彼此的感受吧！

在今天的某些正式场合中，无论是中式座椅还是西式座椅，我们应该怎样坐呢？你能跟爸爸妈妈一起模拟一下吗？

几百年过去了，中式家具仍然受到许多家庭的青睐，这说明了什么？

_____

_____

_____

_____

_____

> 中式家具看似造型简单，其实暗含着中国人对文化与礼仪的认识，这种舒适与规矩并存的人文理念，也许就是它一直被人们喜爱的原因吧！

（杨春娜　苏芳）

书画

书画之墨分五色

博 物

看，这些作品多生动有趣呀，它们都出自小朋友的笔下。

你平时也喜欢画画吗？

你喜欢用什么来画画？

水彩笔、油画棒，还是水粉颜料？

在绘画种类中，最能代表中国文化的是我们的中国画。它是我们中华民族的优秀传统文化之一，是国粹，在世界美术领域中自成体系。你知道什么是中国画吗？你知道中国画是用什么材料画出来的吗？快跟爸爸妈妈走进苏州博物馆去一探究竟吧！

在画坛有个说法——南吴北齐。齐是指齐白石，那么吴指的是谁呢？他为什么有名？他的作品有什么特点？为了解答这些问题，请你和爸爸妈妈先在苏州博物馆里找到《杞菊延年图轴》这幅画吧！

苏州博物馆

《杞菊延年图轴》的身份证

时　代	清代
年　龄	100多岁
现居住地	苏州博物馆
它的样子	这幅画内纵134厘米，横55厘米，外纵285厘米，横85厘米。画以轴装裱，画中有湖石杞菊，笔墨苍润，颜色浓艳。

学思

中国画技法中有"墨分五色"之说——焦、浓、重、淡、轻,指的是墨色由浓到淡的变化。

你能从图中分辨出哪里用的是浓墨,哪里用的是淡墨吗?

画中浓墨和淡墨的地方用墨方式对调一下可以吗?为什么?

根据分析,你认为五种墨色在中国画中有着怎样的作用?

这幅画的作者吴昌硕（1844—1927），就是"南吴北齐"中的"吴"。他是晚清民国时期著名的国画大家。在吴昌硕的作品中，题材多以花卉为主，更有意思的是，他在四十岁后才将画作展示给大家。

这幅画里展现的是哪种花？

_____ 花

请你评价作者笔下的这种花：

_____

_____

_____

结合生活中的感知，分析吴昌硕为什么选这种花作为主要表现对象？

_____

_____

_____

知 行

欣赏了吴昌硕的《杞菊延年图轴》,想必你已经对中国画有所了解了吧?在参观苏州博物馆的过程中,你还发现了哪些名家名作?其中哪件作品给你留下的印象最深刻?为什么?

快来用相机记录下这幅作品吧!

苏州博物馆这个展示书画作品的展厅，叫作"吴门书画"。请你结合自己的参观经历来解释一下：

"吴门"指的是哪里？这里为什么被称为"吴门"？

"吴门书画"包括了哪些画家的作品？

厚 德

菊花常常在九月开放，九与"久"谐音，因此"吉祥""长寿"也是菊花的寓意之一。

古代还有将盛开的菊花送给上了年纪的长辈，祝福其健康长寿的习俗。吴昌硕以菊花为对象作画大概也有此美意吧！

中国人自古热爱植物，不但爱它们美丽的外表，还被它们清雅高洁的品格所吸引。吴昌硕还以梅、兰、竹等为对象作画。你知道这是为什么吗？

你想以什么植物为对象作画？为什么？

_____

_____

_____

你的作品：

花作为自然界中不可或缺的部分，用绚丽装扮着世界，也装扮着人们的生活。人们对花的喜爱也深深地融进文学、艺术中，花被赋予了人格化的力量，影响着人们的精神世界。

　　现在，你是不是已经把花当作好朋友了呢？

（张景奇）

百戏

百戏之杂耍技艺

博 物

我猜，和我一样喜欢看杂技的同学一定有不少。

你最喜欢什么杂技项目呢？你知道杂技的历史吗？杂技是中国古老的传统技艺，从汉代至今已经有2000多年的历史了。

那么，2000多年前的汉代人喜欢看哪些杂技项目？

让我们通过下面这块出土于四川省宜宾县弓字山崖墓的画像砖寻找答案吧。

杂技画像砖的身份证

时　代	东汉	
年　龄	2000多岁	
现居住地	四川博物院	
它的样子	画像砖是长方形的，下半部分由左至右分别有抛刀、倒立、跳丸、钻圈等杂技表演。	

学 思

你能看出画像砖上的人们在表演什么吗?

请你试着连一连。

跳丸　　倒立　　钻圈　　抛刀

汉代是杂技发展的重要时期，无论是达官贵人还是平民百姓，对看杂技都有着空前高涨的热情。在这块东汉的杂技画像砖上，除了表演杂技的艺人，另外的两个人在做什么？

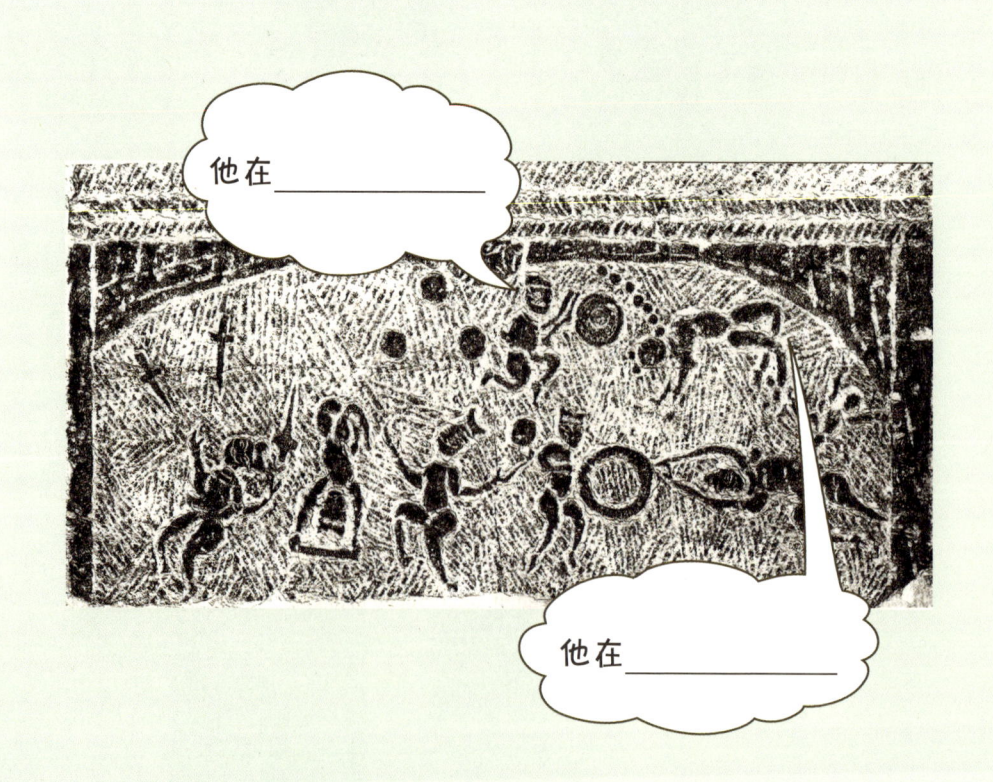

_____

_____

_____

他在_____

他在_____

你能想象一下当时是怎样的气氛吗？

知 行

　　杂技是一种表演艺术，人们通常借助碗、盘、绳、杆、椅子等各种道具，运用高难度和惊险的动作来进行表演。现在我们在电视里经常能看到的杂技有蹬缸、顶碗、空中飞人、高跷、走钢丝等。请你跟爸爸妈妈一起去四川博物院找一找，是否还有其他关于杂技的文物。

左边这件文物你找到了吗？

这两位艺人在做什么呢？你见过这样的表演吗？

这两位艺人正在表演什么？比照第一块画像砖，你能找到相同的项目吗？

095

没错,这个项目在汉代叫作"跳丸",是杂技艺人用手熟练而巧妙地抛接丸铃的一种游戏。

> 在这块画像砖中,除了表演杂技的艺人,下方的四位艺人分别在做什么呢?

我发现:_____
_____
_____
_____
_____

　　在汉代,杂技常常与歌舞、武术、魔术(当时称幻术)等一同表演,用音乐来伴奏也是必不可少的。当时的人们把这些娱乐项目统称为百戏。

仔细观察下面的文物，与爸爸妈妈一起商量商量，然后与现代对应的表演形式连起来。

经过漫长的发展，杂技已经从百戏中分化出来。如今，我国河北省的吴桥县已成为国内外知名的"杂技之乡"。如果有兴趣，你可以和爸爸妈妈一起到吴桥看一场精彩的杂技表演，并拍下那惊心动魄的精彩时刻。

我的摄影作品

厚 德

如今,"中国杂技"作为一张国家名片在国际舞台上早已声名远播。我国的杂技代表团多次摘得杂技领域全球最大赛事——蒙特卡洛国际杂技节的最高奖项"金小丑"奖。

这些荣誉的获得离不开杂技演员们的辛勤付出。如果有机会采访一位杂技演员,探求一下荣誉背后的故事,你会和他聊些什么呢?

和爸爸妈妈试着准备一下吧!

杂技演员采访方案

采访时间：

采访地点：

采访对象：

怎样与采访对象取得联系：

我想要提出的问题：

1. 学习杂技，每天需要练习多长时间？

2. _____

3. _____

…………

通过本次采访，我获得了什么感悟：

_____
_____
_____

正所谓"台上一分钟，台下十年功"，成功之路要靠勤学苦练铺就。无论是杂技还是武术，所有高超的技艺，只有经过十几年如一日的艰苦训练，才能迎来舞台上的精彩绽放。同样，我们在生活中想学会任何一种本领、任何一门课程，都要具备这种不怕吃苦、坚持不懈的品质，你说对吗？

（秦媛）

我的研学评价

这次研学大家一定都有不少收获，那么你的研学效果如何呢？快来给自己做一个评价吧！也要邀请爸爸妈妈为你评价哟！

优秀 ■　　　良好 ■　　　还需努力 ■

数字表示出行的次数，例如：第一次就在 1.□ 里涂相应的颜色。

评价项目	文明排队	遵守交通规则	安全意识	专注学习
标准说明	优秀：在没有家长提醒的情况下，能做到文明有序排队。 良好：有时会忘记排队，经提醒后改正。 还需努力：没有排队意识，无论什么队伍，总想站到前面。	优秀：了解常见的交通标志，并能自觉遵守交通规则。 良好：不太了解交通标志，但能向家长虚心学习，能够遵守交通规则。 还需努力：不认识常见的交通标志，没有遵守交通规则。	优秀：了解旅途中需要用到的安全知识，具有安全意识，平安返回。 良好：不太了解公共场所的安全指示标志，愿意虚心学习。 还需努力：不清楚安全常识，出现安全问题。	优秀：认真听讲解，有创意地完成了学习任务。 良好：认真听讲解，完成了大部分学习任务。 还需努力：听讲解时总溜号，未能完成学习任务。
自我评价	1.□ 2.□ 3.□ 4.□	1.□ 2.□ 3.□ 4.□	1.□ 2.□ 3.□ 4.□	1.□ 2.□ 3.□ 4.□
家长评价	1.□ 2.□ 3.□ 4.□	1.□ 2.□ 3.□ 4.□	1.□ 2.□ 3.□ 4.□	1.□ 2.□ 3.□ 4.□